Moritz Fastabend

Homosexuelle Frauen in der Weimarer Republik

GRIN Verlag

Bibliografische Information der Deutschen Nationalbibliothek:

Die Deutsche Bibliothek verzeichnet diese Publikation in der Deutschen National-
bibliografie; detaillierte bibliografische Daten sind im Internet über http://dnb.d-
nb.de/ abrufbar.

Impressum:

Copyright © 2012 GRIN Verlag GmbH
Druck und Bindung: Books on Demand GmbH, Norderstedt Germany
ISBN: 978-3-656-38088-7

Dieses Buch bei GRIN:

http://www.grin.com/de/e-book/210307/homosexuelle-frauen-in-der-weimarer-
republik

GRIN - Your knowledge has value

Der GRIN Verlag publiziert seit 1998 wissenschaftliche Arbeiten von Studenten, Hochschullehrern und anderen Akademikern als eBook und gedrucktes Buch. Die Verlagswebsite www.grin.com ist die ideale Plattform zur Veröffentlichung von Hausarbeiten, Abschlussarbeiten, wissenschaftlichen Aufsätzen, Dissertationen und Fachbüchern.

Besuchen Sie uns im Internet:

http://www.grin.com/

http://www.facebook.com/grincom

http://www.twitter.com/grin_com

Ruhr Universität Bochum
Historisches Institut
Seminar: Sexualität in der Weimarer Republik

SoSe 2012

Seminararbeit

Homosexuelle Frauen in der Weimarer Republik

Moritz Fastabend
Abgabetermin: 10.08.2012
Geschichte; Kultur,
Individuum, Gesellschaft
3. Fachsemester

Inhaltsverzeichnis

1. Einleitung

Homosexualität ist mittlerweile in unserer Gesellschaft nicht mehr wegzudenken. Jedes Jahr finden Veranstaltungen für homosexuelle Männer und Frauen öffentlich statt. Ein Beispiel dafür ist der Christopher-Street Day, der seit vielen Jahren auch in Deutschland Tradition hat. Auch in den Medien ist das Thema Homosexualität damit endgültig präsent geworden.[1] Doch war dies schon immer so? In dieser Hausarbeit soll die These diskutiert werden, dass homosexuelle Frauen in der Öffentlichkeit der Weimarer Republik nicht wahrgenommen wurden. Insbesondere soll dabei die Frage geklärt werden, warum sie nicht wahrgenommen wurden?

Es werden die Erklärungsansätze diskutiert, die in der Sexualwissenschaft für die weibliche Homosexualität bestanden. Insbesondere wird der Erklärungsansatz von Magnus Hirschfeld behandelt, da dieser auch in der homosexuellen Bewegung angenommen wurde. Dabei soll beleuchtet werden, wie die Wissenschaft auf homosexuelle Frauen reagierte und es soll versucht werden erste Erklärungen zu finden, warum dies dazu beigetragen haben könnte, dass homosexuelle Frauen in der Öffentlichkeit nicht repräsentiert waren. Der Umgang der homosexuellen Frauen mit den Theorien Magnus Hirschfelds zur weiblichen Homosexualität wird erläutert, mit besonderem Blick darauf, wie dies das Bild der Öffentlichkeit über homosexuelle Frauen geprägt hat. Die Organisationen werden betrachtet, die sich mit weiblicher Homosexualität auseinandersetzten. Es wird die konservative Frauenbewegung und ihr Verhältnis zur weiblichen Homosexualität betrachtet. Die homosexuellen Bewegungen werden eingehender untersucht, insbesondere im Bezug auf ihren Umgang mit lesbischen Frauen und den Funktionen, die diese in den verschiedenen Organisationen ausübten. Dabei wird ein besonderer Blick darauf gelegt, ob in diesen Organisationen weibliche Homosexuelle präsent waren und wie mit ihnen umgegangen wurde. Die verschiedenen Treffpunkte homosexueller Frauen werden aufgeführt. Dies hat den Zweck zu ergründen, ob diese Treffpunkte öffentlicher Natur waren und somit Aufmerksamkeit erregten, oder im Stadtbild untergingen. Die Darstellung homosexueller Frauen in zeitgenössischen Schriften und Zeitschriften wird thematisiert und ein Augenmerk wird darauf gelegt, wie das Bild der homosexuellen Frau in der Öffentlichkeit wahrgenommen wurde und wie sie sich selbst präsentierten. Abschließend wird die eingangs aufgestellte These in einem Fazit besprochen.

---

[1] Vgl dazu: Markus Grenz: Homosexuelle feiern Christopher Street Day in Essen. Mittendrin und doch am Rand, in: http://www.derwesten.de/staedte/essen/homosexuelle-feiern-christopher-street-day-in-essen-mittendrin-und-doch-am-rand-id6947277.html, [08.08.12].

Folgende Literatur wird als essentieller Bestandteil der Arbeit verwendet, eine Monografie von Margit Göttert[2] die sich mit dem Umgang der Frauenbewegung und weiblicher Homosexualität auseinandersetzt. Ein Aufsatz von Christiane Leidinger[3], der eine Überblicksdarstellung über das Leben der homosexuellen Subkultur in der Weimarer Öffentlichkeit darstellt und dabei insbesondere auf die Treffpunkte weiblicher Homosexueller eingeht. Eine Monografie von Kirsten Plötz[4], die eine gute Darstellung der homosexuellen Zeitschriften für Frauen enthält und auf die Bedeutung für das Alltagsleben dieser Frauen eingeht. Die Dissertation von Sabine Puhlfürst[5] lieferte eine Darstellung über das Bild der Sexualwissenschaft mit homosexuellen Frauen. Die Monografie von Heike Schader[6] war sowohl für die Erläuterung der Treffpunkte homosexueller Frauen wichtig, als auch für die Erläuterung der Bedeutung weiblich, homosexueller Zeitschriften. Die Quelle von Curt Moreck[7] bildete die Grundlage für eine beispielhafte Analyse der Darstellung homosexueller Frauen in zeitgenössischer Literatur. Andere Aufsätze und Monografien wurden ergänzend verwendet.

In der Forschung wurde das Thema Homosexualität anfangs überwiegend in soziologischen und psychologischen Arbeiten besprochen. Seit den 1980er Jahren entdeckte die Geschichtswissenschaft dieses Thema. Dabei liegt eine Fokussierung im Bereich der weiblichen Homosexualität auf der Ausprägung der „männlichen" und der „feminin" orientierten Frau. Auf den Aspekt der Sexualität wurde dabei ein besonderer Fokus gelegt.[8] In dieser Arbeit liegt ein Augenmerk ebenfalls auf der Rollenzuschreibung in „männliche" und „feminine" Homosexuelle Frauen, dabei wird jedoch weniger der Aspekt der Sexualität betrachtet, sondern es wird das Wirken dieser Rollenbilder in der öffentlichen Wahrnehmung betrachtet.

---

[2] Margit Göttert: Macht und Eros. Frauenbeziehungen und weibliche Kultur um 1900-eine neue Perspektive auf Helene Lange und Gertrud Bäumer, Köln 2000. (Im Folgenden zitiert als: Göttert: Macht und Eros).

[3] Christiane Leidinger: Eine „Illusion von Freiheit". Subkultur und Organisierung von Lesben, Transvestiten und Schwulen in den zwanziger Jahren [online]. Berlin 2008. In: Online-Projekt Lesbengeschichte, Ingeborg Boxhammer /Christiane Leidinger, URL http://www.lesbengeschichte.de/politik-subkultur_d.html. [01.08.12] (Im Folgenden zitiert als: Leidinger: „Illusion von Freiheit").

[4] Kirsten Plötz: Einsame Freundinnen? Lesbisches Leben während der zwanziger Jahre in der Provinz, Hamburg 1999. (Im Folgenden zitiert als: Plötz: Einsame Freundinnen.).

[5] Sabine Puhlfürst: "Mehr als bloße Schwärmerei". Die Darstellung von Liebesbeziehungen zwischen Mädchen jungen Frauen im Spiegel der deutschsprachigen Frauenliteratur des 20.Jahrhunderts, Essen 2002. (Im Folgenden zitiert als: Puhlfürst: „Mehr als bloße Schwärmerei").

[6] Heike Schader: Virile, Vamps und wilde Veilchen. Sexualität, Begehren und Erotik in den Zeitschriften homosexueller Frauen im Berlin der 1920er Jahre, Königsstein im Taunus 2004. (Im Folgenden zitiert als: Schader: Virile, Vamps und wilde Veilchen.)

[7] Curt Moreck: Führer durch das „lasterhafte" Berlin, Leipzig 1931. (Im Folgenden zitiert als: Moreck: Führer durch Berlin.)

[8] Schader: Virile, Vamps und wilde Veilchen, S. 12.

2. Erklärungsansätze für die weibliche Homosexualität

In der Weimarer Republik fehlte eine eindeutige Definition von weiblicher Homosexualität. Dies war darin begründet, dass viele Frauen sich selbst nicht als homosexuell bezeichneten, obwohl sie in einer Beziehung zu einer Frau lebten bzw. Frauen sexuell begehrten. Da die weibliche Homosexualität erst im 19. Jahrhundert „entdeckt" wurde, war es in den 1920er Jahre noch eine moderne Form des Zusammenlebens, die sehr kritisch gesehen wurde. Im 19.Jahrhundert war es zwar durchaus üblich gewesen, dass Frauen eine Liebesbeziehung zu einer anderen Frau unterhielten, dies wurde toleriert, solange die Beziehung zu einem Mann darunter nicht litt. Sexualität zwischen Frauen war in dieser Regelung jedoch nicht vorgesehen und wurde im 19. Jahrhundert auch nicht akzeptiert. Doch auch in der Weimarer Republik war die Liebe unter Frauen keine Selbstverständlichkeit. Mehrere Wissenschaftler versuchten seit dem letzten Drittel des 19.Jahrhunderts Erklärungsansätze zu liefern, um die männliche und weibliche Homosexualität zu ergründen.[9]

2.1 Die Erklärungsansätze der Sexualwissenschaft

Die Wissenschaft begann im ausgehenden 19.Jahrhundert sich mit dem Thema der Homosexualität zu beschäftigen, anfangs waren es in der Regel Ärzte oder Psychologen, die sich mit der Sexualität auseinandersetzten. Jedoch war es zu Beginn nur die männliche Homosexualität die eine Rolle spielte. Homosexuelle Frauen wurden lange Zeit überhaupt nicht beachtet und erst zum Ende des19. und zu Beginn des 20. Jahrhunderts von der Wissenschaft wahrgenommen. Dabei ist festzustellen, dass die homosexuellen Frauen als dem Mann nacheifernd angesehen wurden, man ging davon aus, das weibliche Homosexuelle in ihrer Sexualität versuchten die klassische Männer und Frauen Aufteilung nachzubilden.[10]

Magnus Hirschfeld war Arzt für psychische Leiden in Berlin er begann ab 1896 und insbesondere in der Weimarer Republik damit die Vorurteile gegen Homosexuelle zu entkräften. Dabei verfolgte er anders als seine Vorgänger den Ansatz, dass Homosexualität nicht anerzogen, sondern vererbt wird. Hirschfeld ging von einem „'konstitutionellen Naturtrieb"[11] aus, der die homosexuellen Neigungen erklären sollte. Zwar forderte Hirschfeld, dass der §175 aus dem RStGB gestrichen werden sollte,

---

[9] Plötz: Einsame Freundinnen, S.21-22.
[10] Puhlfürst: „Mehr als bloße Schwärmerei", S.23-28.
[11] Plötz: Einsame Freundinnen, S. 23.

dieser stellte männliche Homosexualität unter Strafe, seine liberale und vorurteilsfreie Einstellung war jedoch nur gegenüber homosexuellen Männern so stark ausgeprägt. Bei der Erforschung der weiblichen Homosexualität legte Hirschfeld die gleichen Vorurteile zugrunde, die am Ende des 19. Jahrhunderts formuliert worden waren. Denn auch Hirschfeld ging davon aus, dass die „Norm der heterosexuellen, standardisierten Paarbeziehung"[12] auch für lesbische Paare gelten müsste. Dabei geht Hirschfeld von einem sogenannten „'Mannweib' [das] ein ‚anderes Weib' begehren bzw. von diesem begehrt werden [muss]".[13] Hirschfeld war der Ansicht, dass weibliche Homosexualität sozusagen aus einer Art Überdruss des „normalen" Geschlechtsverkehrs entsteht. Er ging davon aus, dass Frauen zärtlicher Miteinander umgehen würden und Frauen von daher leichter zu beeinflussen seien mit anderen Frauen zu schlafen, als dies bei zwei Männern der Fall wäre.[14] Von diesem Standpunkt aus, ist es nicht möglich das 'normale' Frauen, die sich selbst wie auch ihre Partnerin als Frauen schätzen" eine Beziehung führen könnten.[15] Es entstand das Bild, dass lesbische Frauen nicht als eigenständig sexuell orientiert gesehen wurden, sondern als eine „Blaupause" der männlichen Homosexuellen. Somit wurden sie weiterhin in dem klassischen Mann/Frau Schema gesehen, und nur als „männliche" Frauen betrachtet.[16]

2.2 Der Umgang homosexueller Frauen mit dern Erklärungen der Sexualwissenschaft

Diese Erklärungen der Sexualwissenschaftler erschienen für die meisten Frauen sehr abstrus, dennoch half zumindest die Erklärung von Magnus Hirschfeld, den homosexuellen Frauen eine Art Selbstverständnis zu entwickeln und gleichzeitig die „Angst" der Öffentlichkeit vor ihnen zu nehmen. Hirschfelds Theorie war darüber hinaus hilfreich, um den Frauen „Umerziehungsmaßnahmen" zu ersparen. Dadurch, dass Hirschfeld davon ausging, dass Homosexualität eine „erbliche Veranlagung"[17] sei, war auch die „Gefahr" für die Öffentlichkeit gebannt, dass heterosexuelle von homosexuellen Frauen verführt werden konnten. In den einschlägigen Zeitschriften homosexueller Frauen wurde die Theorie Hirschfelds aufgegriffen und verbreitet. Dabei

---

[12] Puhlfürst: „Mehr als bloße Schwärmerei", S. 31.
[13] Ebd.
[14] Ebd. S. 29-32.
[15] Plötz: Einsame Freundinnen, S. 24.
[16] Anja Szypulski: Die „Entdeckung" der weiblichen Homosexualität, in: Ariadnde. Almanach der deutschen Frauenbewegung 29 (1996), S. 11.
[17] Plötz: Einsame Freundinnen, S. 25.

zeigten sich jedoch auch Spannungen innerhalb der homosexuellen Szene. Insbesondere bisexuelle, verheiratete Frauen wurden dabei oft angefeindet. Diese Anfeindungen gründeten darauf, dass es unterschiedliche Definitionen der „Veranlagung" zur Homosexualität gab und auch dem Zeitpunkt, zu dem diese Zuneigungen entdeckt wurden. Den bisexuellen, zumeist verheirateten Frauen wurde oft vorgeworfen sie würden nur ihre Fantasien ausleben, wogegen diese argumentierten ihre Neigung erst nach der Hochzeit mit einem Mann entdeckt zu haben. [18] Von vielen Aktivistinnen, die gegen den §175 RStGB kämpften, wurde befürchtet, dass bisexuelle Frauen zu der Theorie beitragen würden, Homosexualität wäre „heilbar". [19]

Insgesamt trug die Erklärung der homosexuellen Veranlagung jedoch dazu bei eine Vorstellung der homosexuellen Frau zu schaffen und diese deutlicher zu umreißen. Der Lebensstil der heterosexuellen Frauen wurde eindeutiger abgegrenzt und eine Einteilung der Frauen in homosexuell und heterosexuell Veranlagte wurde vereinfacht.[20]

3. Die Frauen- und die Homosexuellenbewegungen und der Umgang mit weiblicher Homosexualität

Weibliche Homosexualität war zumindest innerhalb der gemäßigten, dem Bürgertum entsprungenen Frauenbewegung kein diskussionswürdiges Thema. Als im Jahr 1910 die Idee aufkam, den §175 des RStGB zu erweitern und auch weibliche Homosexualität unter Strafe zu stellen, äußerte sich „Camilla Jellinek, [die] Vorsitzend[e] der'Rechtskommission' des ‚Bundes Deutscher Frauenvereine'"[21] nur sehr distanziert zu der Thematik. Ihre Forderung nach einer Streichung des §175. begründete sie damit, dass dieser ein Privileg der Frauen im Umgang miteinander, nicht bestrafen würde. Sie führte aus, dass die nur dem Gerechtigkeitssinn der Frauen entsprechen müsste.[22] Auffällig ist dabei, dass Camilla Jellinek ansonsten liberale Thesen im Bezug auf Moral und Sexualität vertrat und nur bei dem Thema der weiblichen Homosexualität eine konservative Position vertrat.[23]

---

[18] Ebd. S. 25-29.
[19] Katharina Vogel: Zum Selbstverständnis lesbischer Frauen in der Weimarer Republik. Eine Analyse der Zeitschrift „Die Freundin" 1924-1933, in: Berlin Museum (Hg.): Eldorado. Homosexuelle Frauen und Männer in Berlin 1850-1950, Berlin 1984, S.167.
[20] Plötz: Einsame Freundinnen, S. 29.
[21] Margit Göttert: Zwischen Betroffenheit, Abscheu und Sympathie. Die alte Frauenbewegung und das „heikle Thema" Homosexualität, in: Ariadnde. Almanach der deutschen Frauenbewegung 29 (1996), S.17. (Im Folgenden zitiert als: Göttert: Zwischen Betroffenheit, Abscheu und Sympathie.)
[22] Ebd.
[23] Ebd. S. 19.

In der Weimarer Republik setzte sich diese Tabuisierung der weiblichen Homosexualität durch die bürgerliche Frauenbewegung fort. Es gab fast keine Publikationen, die sich mit der Homosexualität der Frau beschäftigte. Die wenigen Aufsätze die sich überhaupt mit dem Thema auseinandersetzten vermieden dabei entweder den Begriff Homosexualität oder es wurde die gängige Meinung aufgegriffen, dass Homosexualität eine Art „Krankheit" sei, die behandelt werden müsste.[24] Die Frauenbewegung versuchte den Ideen der Sexualwissenschaft, zur Thematik der weiblichen Homosexualität eigene Ideen entgegenzusetzen. Diese sollten „innerhalb der Bewegung eine konstituierende Bedeutung entfalten".[25] Denn das Zusammenleben von Frauen war durchaus üblich, das Ideal der Frauenbewegung war, jedoch eher auf ein Zusammenleben auf einer platonischen Ebene fixiert und weniger auf die Sexualität bezogen.[26]

Bereits früh in der Weimarer Republik gründeten sich erste Bewegungen, die sich für Homosexuelle einsetzten. Als Beispiel ist der „Berliner Freundschaftsbund e. V." zu nennen, der sich am 15.09.1919 in Berlin gründete. Die Idee dieses Bundes basierte auf einer am 14.081919 erstmals herausgegeben Zeitschrift für homosexuelle Männer, Frauen und Transvestiten. Anfangs nannte sich die Zeitschrift „Freundschaft" und erschien dann in den Jahren 1919-1922 unter dem Namen „Wochenschrift für Aufklärung und geistige Hebung der idealen Freundschaft". Die Zeitschrift wurde schnell populär in der Homosexuellen Subkultur. Durch diese Zeitschrift verbreitet sich auch die Gründung des „Berliner Freundschaftsbundes" und dieser fand schnell Nachahmer im Deutschen Reich sowie in Österreich und der Schweiz. Die einzelnen Verbände vereinigten sich im August zum „Deutschen Freundschaftsverband (DFV)". Ziele des Verbands waren unter anderem ein Abschaffen des §175 und der Kampf gegen die Diskriminierung Homosexueller. Im Jahr 1923 benannte sich der DFV in „Bund für Menschenrecht (BfM)" um, 1924 erschienen auch erste Zeitschriften für homosexuelle Frauen.

Dabei ist die Beteiligung von Frauen am BfM umstritten, obwohl der BfM sowohl homosexuelle Männer wie auch Frauen ansprach, blieben die Mitgliederzahlen von Frauen gering. Erst 1924 wurde mit Anne Weber, einer Buchhalterin, die erste Frau in den Vorstand des BfM gewählt. Die fehlende weibliche Präsenz im BfM führte dazu, dass sich viele Frauen nicht ausreichend repräsentiert fühlten.[27] Eine Umfrage über die

---

[24] Göttert: Macht und Eros, S. 250.
[25] Göttert: Zwischen Betroffenheit, Abscheu und Sympathie, S.20.
[26] Ebd.
[27] Ebd. S. 16-20.

Mitgliederstruktur innerhalb des BfM ergab im Jahr 1926, dass nur 2 % der Mitglieder weiblich sind und diese aus der Ober- und Mittelschicht stammten. Arbeiterinnen waren kaum vertreten.[28]

4. Treffpunkte homosexueller Frauen

Frauen, die sich als homosexuell verstanden und dies auch offen auslebten, nutzten spezielle Lokale um sich dort ungestört ausleben zu können und Gleichgesinnte zu treffen. Es handelte sich meist um unscheinbare Bars oder Kneipen, die von einer Stammkundschaft besucht wurden.[29] Diese Lokale entstanden schon zu Beginn des 19. Jahrhunderts und waren vorwiegend in Berlin anzutreffen. Diese Klubs waren zu Anfang nur für männliche Homosexuelle gedacht, erst am Ende des 19. Jahrhunderts begannen auch die ersten homosexuellen Frauen, diese Etablissements als Treffpunkte zu nutzen. Dabei gab es in der Regel spezielle Tage nur für Männer oder nur für Frauen in denen diese unter sich sein konnten. Doch auch nicht homosexuelle Besucher waren in manchen Klubs erwünscht. Eines der bekanntesten Etablissements, das auch heterosexuelle Gäste anzog, war das „Eldorado" in Berlin. Der Erfolg dieses 1905 gegründeten Lokals war so durchschlagend, dass noch ein weiteres Lokal mit demselben Namen gegründet wurde. Dieses zweite Etablissement erfreute sich insbesondere bei Touristen einer großen Beliebtheit. Neben den „offiziellen" Kneipen für Homosexuelle gab es auch heterosexuelle Gastwirte, die ihre Geschäfte für einzelne Veranstaltungen vermieteten und den Homosexuellen so eine Möglichkeit zum Treffen boten. Dabei ist auffällig, dass es nur wenige Kneipen gab, die sich explizit an lesbische Frauen richteten. In den meisten Lokalen, die für lesbische Frauen interessant waren, war es üblich, dass auch homo- oder heterosexuelle Männer vereinzelt eingelassen wurden.[30]

Die Polizei griff zumindest in Berlin selten ein, wenn sich homosexuelle Frauen in den Lokalen trafen. Wenn doch Razzien vorkamen, so dienten diese meist dem Zweck, Prostituierte und Minderjährige aufzuspüren. Diese Razzien trugen zu einem negativen Bild dieser Kneipen in der Öffentlichkeit bei.[31]

---

[28] Bernhard Rosenkranz/ Ulf Bollmann/ Gottfried Lenz: Homosexuellen-Verfolgung in Hamburg 1919-1969, Hamburg 2009, S. 157.

[29] Plötz:Einsame Freundinnen, S. 56.

[30] Leidinger: „Illusion von Freiheit", S. 2-5.

[31] Ebd. S. 5-6.

Nicht nur im Zentrum der homosexuellen Subkultur, in Berlin, konnten sich die Frauen treffen, auch in anderen Städten und ländlichen Regionen gab es Möglichkeit zu Tanzveranstaltungen oder Ähnlichem zu gehen. Die Frauen erfuhren über einschlägige homosexuell Zeitschriften wie der „Freundin" von diesen Veranstaltungen. Dabei wurden Städte wie Essen, Hamburg oder Köln beworben aber auch „provinzielle" Orte wie Liegnitz oder Stolp in Pommern waren in den Inseraten zu finden. Dies macht deutlich das sich auch außerhalb der Großstädte eine homosexuelle Subkultur finden konnte. Jedoch ist festzuhalten das diese Angebote nicht flächendeckend waren. Was sich insbesondere an den Angeboten in den Zeitschriften nachvollziehen lässt. Neben Berlin bildete sich mit Hamburg ein weiteres großes Zentrum für Homosexuelle.[32] Es bleibt festzuhalten, dass diese „Orte der weiblich-homosexuellen Subkultur [...] sich anscheinend nahtlos in das Vergnügungsangebot der 1920er Jahre"[33] einfügten und dadurch ein reichhaltiges Angebot für homosexuelle Frauen bereithielten.[34]

Es ist falsch anzunehmen, dass sich alle Frauen diesen „Luxus" eines Besuchs einer Bar oder Tanzveranstaltung leisten konnten. Vielen war es aus wirtschaftlichen Gründen unmöglich, an solchen Vergnügungen teilzunehmen. Einige Frauen verzichteten nicht nur aus finanziellen Gründen auf diese Art der Vergnügung, vielmehr war es so das sie die homosexuelle Subkultur und den Ausdruck, den diese in den Kneipen und Bars fand, ablehnten. Sie empfanden den Besuch dieser lokale als eine bewusste Abgrenzung von der heterosexuellen Gesellschaft.[35]

---

[32] Plötz: Einsame Freundinnen, S. 63-84.
[33] Schader: Virile Vamps und wilde Veilchen, S.35.
[34] Ebd.
[35] Plötz: Einsame Freundinnen, S. 54-55.

5. Die Darstellung homosexueller Frauen in zeitgenössischen Schriften

In verschiedenen Schriften der Weimarer Zeit wurde die weibliche Homosexualität thematisiert, beispielhaft ist dafür der Stadtführer über Berlin mit dem Titel: „Führer durch das „lasterhafte" Berlin." Geschrieben vom Schriftsteller und Journalisten Curt Moreck 1931. Der Reiseführer wendet sich an Touristen, die die andere Seite von Berlin kennenlernen möchten. Dabei führt Moreck den Leser in den Westteil Berlins und beschreibt neben den klassischen Sehenswürdigkeiten eben auch die andere Seite Berlins, dabei geht er auf die Treffpunkte Homosexueller ein.[36] Der Leser bekommt einen Überblick über verschiedene Lokalitäten und die Geflogenheiten in den jeweiligen Örtlichkeiten ein. Dabei umschreibt Moreck das Aussehen und Verhalten der Besucherinnen: *„Einzelne Frauen enthüllen im tiefen Dekollete ihre Reize, sie tauschen Zärtlichkeiten mit ihren virilen Partnerinnen. Ein Smoking beugt sich über eine blendende Schulter, die lüstern zusammenschauert. Hände suchen sich über der Tischplatte und verschlingen sich. Ringe klirren aneinander."[37]* In diesem Stil führt Moreck seine Beschreibungen aus, dabei belässt er es nicht alleine bei einer Beschreibung der Umstände. Er bemüht sich vielmehr darum, dem Leser eine möglichst detaillierte Beschreibung zu liefern. So heißt es an einer anderen Stelle: *„ Die Damen sind aufmerksamere Kavaliere als ihre heterosexuellen Pendants.[...]Sie kaufen der Freundin ein paar Blumen und überreichen sie ihr mit glücklich leuchtenden Augen... Bedankt von einem warmen Blick des Verstehens, der Verheißung, der Liebe...."[38]* Dies zeigt, wie Moreck versucht mit der weiblichen Homosexualität seinen Leser zu fesseln. Mit der scheinbaren „Verruchtheit" und dem besonderen der weiblichen Homosexualität wird dabei gespielt und es wird bewusst als stilistisches Mittel inszeniert.

Der Autor äußerte dabei jedoch auch Verständnis für den Lebensstil der homosexuellen Frauen: *„Wenn es nicht die richtige Liebe ist, was können sie dafür? Man muß die Natur dafür verantwortlich machen. Sie wird schon gewußt haben, was sie damit wollte. Die Natur irrt nicht, sie ist weiser als wir...."[39]*. Dies zeigt eine liberale Einstellung des Autors gegenüber der Homosexualität. An anderer Stelle äußert dieser auch eine deutliche Kritik an der gängigen Meinung in der Öffentlichkeit über lesbische Frauen: *„Zwar der zugreifenden Hand des Gesetzes ist sie entschlüpft, aber die kleinbürgerliche*

---

[36] Christopher Görlich: Berlin, die geteilte Stadt: Ein Topos in deutschen Reiseführern des 20. Jahrhunderts, in: Zeithistorische Forschungen/Studies in Contemporary History, Online-Ausgabe, 4 (2007) H. 3, URL:http://www.zeithistorische-forschungen.de/16126041-Goerlich-3-2007 [07.08.12], S. 5.
[37] Moreck: Führer Berlin, S. 170.
[38] Ebd. S. 165.
[39] Ebd. S. 162.

Moral verfolgt sie mit dem Brandmal der Minderwertigkeit. "[40] Besonders die Betonung der „kleinbürgerlichen Moral" zeigt die ablehnende Haltung Morecks gegenüber der Stigmatisierung der homosexuellen Frau. Moreck scheint dabei Vorzüge der lesbischen Liebe gegenüber der heterosexuellen zu finden: „[...] *sie lieben mit der Intensität ihres abwegigen Gefühls, das innigerer Bande fähig ist, als jene andere Liebe, die alltäglich ist.* "[41]. In diesem Reiseführer lässt sich eine durchaus liberale Einstellung gegenüber der weiblichen Homosexualität konstatieren. Die vorkommenden klischeehaften Beschreibungen der lesbischen Liebe scheinen dem Zwang geschuldet, den Leser zu fesseln und zum Kauf des Führers zu animieren.

6. Zeitschriften homosexueller Frauen

Nicht nur in von Männern geschriebenen Werken konnten sich homosexuelle Frauen wiederfinden, es gab auch Literatur, überwiegend Zeitschriften, die sich speziell an homosexuelle Frauen und ihre Bedürfnisse richteten. Die bekannteste war dabei die; dem BfM nahestehende; Zeitschrift „Die Freundin". Sie erschien ab 1924 bis zu ihrer Einstellung 1933 mit Unterbrechungen, im Jahr 1928 wurde sie zwischenzeitlich Verboten, da sie als jugendgefährdend eingestuft wurde. Die Themen, die in der „Freundin" erörtert wurden, waren sehr vielfältig sie behandelten aktuelle Entwicklungen der Sexualwissenschaft ebenso wie modische Ratschläge oder die Biografien berühmter lesbischer Frauen. Ein wichtigen Teil der Zeitschrift umfassten jedoch auch Fortsetzungsromane, die meist homosexuelle Frauen in der Hauptrolle hatten, ebenso gab es „Kurzgeschichten und Gedicht[e] über lesbische Liebe"[42]. Ebenfalls ein wichtiger Teil waren die bereits erwähnten Veranstaltungshinweise, die insbesondere Frauen in der „Provinz", also fernab von Berlin, halfen Kontakt zu anderen lesbischen Frauen zu halten.[43]

Neben der „Freundin" gab es noch eine weitere bekannte Zeitschrift für homosexuelle Frauen. Die „Frauenliebe", war eine Wochenzeitschrift des „Deutschen-Freundschafts-Verbands" (DFV), der in Konkurrenz zum BfM stand und damit auch zur „Freundin". Die „Frauenliebe" grenzte sich von der „Freundin" dadurch ab, dass sie ein deutliche geringeres Themenfeld umfasste und sich mehr auf Unterhaltungsthemen konzentrierten und weniger auf politische Themen wie die „Freundin". Der DFV brachte neben der „Frauenliebe" noch zwei weitere Zeitschriften heraus. 1928 erschienen zwei Ausgaben

---

[40] Ebd. S. 164.
[41] Ebd. S. 175.
[42] Plötz: Einsame Freundinnen, S. 34.
[43] Ebd. S. 31-35.

der Zeitschrift „Frauen Liebe und Leben", da diese jedoch nur zwei Ausgaben umfasste und danach eingestellt wurde ist davon auszugehen, dass sie nur als Übergang genutzt werden sollte, da die „Frauenliebe" 1928 ebenfalls aus Jugendschutzgründen verboten war. Im Oktober 1930 wurde erstmals die Zeitschrift „Garçonne" herausgegeben. Sie erschien zusammen mit der „Frauenliebe", bis diese in die „Garçonne" überging. Jedoch erschien auch die „Garçonne" nur kurze Zeit und wurde 1930 für ein Jahr ebenfalls verboten. Jedoch wurde sie weiterhin in einer Notausgabe veröffentlicht. 1932 musste die „Garçonne" aus finanziellen Gründen eingestellt werden. In ihrer Themenwahl ähnelte die „Garçonne" stark der „Freundin".[44]

Auffällig ist, dass viele Artikel, zumeist wissenschaftliche Artikel zur weiblichen Homosexualität, von Männern geschrieben wurden. Dabei gab es sowohl Männer, die der homosexuellen Szene angehörten, als auch solche, die sich aufgrund ihres Berufs als Gynäkologe befähigt sahen, über die weibliche Sexualität zu urteilen. Diese waren häufig mit einem Doktortitel versehen und gaben sich als „Fachleute" aus. Viele Zeitschriften griffen diese Artikel auf und verbreiteten sie, um bei einem „neutralen" Leser den Eindruck zu erwecken, es handele sich um eine sexualwissenschaftliche Praxis. Dies diente dem Zweck, sich möglichst der Gesellschaft anzupassen und somit Diskriminierungen zu entgehen.[45]

---

[44] Ebd. S. 37-39.
[45] Schader: Virile, Vamps und wilde Veilchen, S. 84-85.

7. Fazit

Wird nun noch einmal die eingangs aufgestellte These, dass homosexuelle Frauen in der Öffentlichkeit der Weimarer Republik nicht wahrgenommen wurden und die Frage warum sie nicht wahrgenommen wurden aufgegriffen, dabei ist festzustellen, dass diese These sich nicht in vollem Umfang bestätigt hat. Denn homosexuelle Frauen waren in der Weimarer Öffentlichkeit durchaus präsent. Allerdings ist diese Feststellung mit Einschränkungen zu versehen. Die weibliche Homosexualität wurde nicht als eigenständig wahrgenommen. Sie wurde meist nur als Anhängsel zu männlichen Homosexualität betrachtet und den lesbischen Frauen wurde unterstellt, dass sie nur pseudo-homosexuell seien. Besonders in der Sexualwissenschaft herrschte die Meinung, das die weiblichen Homosexuellen nur versuchten heterosexuelle Beziehungen nachzuempfinden. In der bürgerlichen Frauenbewegung, dagegen tauchten weibliche Homosexuelle überhaupt nicht auf. Die Thematik der weiblichen Homosexualität wurde totgeschwiegen oder mit überholten Erklärungsansätzen bedacht. Auch in der homosexuellen Bewegung waren Frauen deutlich unterrepräsentiert und konnten sich gegen die männliche Dominanz in diesen Organisationen kaum behaupten.

In homosexuellen Bars konnten Frauen nur an speziellen Abenden unter sich sein und mussten die Abende oft in der Anwesenheit von Männern verbringen. In Schriften der Zeit wurde weibliche Homosexualität ebenfalls besprochen, wie am Beispiel des „'Führers durch das lasterhafte Berlin" zu sehen. Zwar wurde die weibliche Homosexualität dabei teilweise zu Unterhaltungszwecken inszeniert, doch fanden sich auch liberale Ansichten des Autors in diesem Werk wieder. Dabei bemühte sich dieser, weibliche Homosexualität zu rechtfertigen und ihr Bild in der Öffentlichkeit zu korrigieren. In eigenen Zeitschriften, besonders 1920er Jahren, wurden homosexuelle Frauen dargestellt. Dort wurden Thematiken besprochen, die homosexuelle Frauen ansprechen sollten. Auch boten diese Zeitschriften eine Möglichkeit der Kontaktaufnahme untereinander. Jedoch wurde auch dieses Feld zum Teil von Männern mitgeprägt, um den wahren Hintergrund der Zeitschriften zu verschleiern und diese vor Anfeindungen zu schützen, was jedoch dazu beigetragen haben könnte, dass weibliche Autorinnen weniger Beachtung fangen. Zu konstatieren ist, dass homosexuelle Frauen in der Weimarer Öffentlichkeit überwiegend präsent waren. In Teilen der Gesellschaft, wie in der Frauen-, der Homosexuellenbewegung und der Sexualwissenschaft, waren sie jedoch unterrepräsentiert beziehungsweise wurden nicht wahrgenommen.

Literaturverzeichnis

Görlich, Christopher: Berlin, die geteilte Stadt: Ein Topos in deutschen Reiseführern des 20. Jahrhunderts, in: Zeithistorische Forschungen/Studies in Contemporary History, Online-Ausgabe, 4 (2007) H. 3, URL:http://www.zeithistorische-forschungen.de/16126041-Goerlich-3-2007 [07.08.12].

Göttert, Margit: Zwischen Betroffenheit, Abscheu und Sympathie. Die alte Frauenbewegung und das „heikle Thema" Homosexualität, in: Ariadne. Almanach der deutschen Frauenbewegung 29 (1996), 14-21.

Göttert, Margit: Macht und Eros. Frauenbeziehungen und weibliche Kultur um 1900- eine neue Perspektive auf Helene Lange und Gertrud Bäumer, Köln 2000.

Grenz, Markus: Homosexuelle feiern Christopher Street Day in Essen. Mittendrin und doch am Rand, in: http://www.derwesten.de/staedte/essen/homosexuelle-feiern-christopher-street-day-in-essen-mittendrin-und-doch-am-rand-id6947277.html, [08.08.12].

Leidinger, Christiane: Eine „Illusion von Freiheit". Subkultur und Organisierung von Lesben, Transvestiten und Schwulen in den zwanziger Jahren [online]. Berlin 2008. In: Online-Projekt Lesbengeschichte, Ingeborg Boxhammer /Christiane Leidinger, URL http://www.lesbengeschichte.de/politik-subkultur_d.html. [01.08.12].

Plötz Kirsten: Einsame Freundinnen? Lesbisches Leben während der zwanziger Jahre in der Provinz, Hamburg 1999.

Puhlfürst, Sabine: "Mehr als bloße Schwärmerei". Die Darstellung von Liebesbeziehungen zwischen Mädchen jungen Frauen im Spiegel der deutschsprachigen Frauenliteratur des 20.Jahrhunderts, Essen 2002.

Rosenkranz, Bernhard/Bollmann, Ulf/Lorenz, Gottfried: Homosexuellen-Verfolgung in Hamburg 1919-1969, Hamburg 2009.

Schader, Heike: Virile, Vamps und wilde Veilchen. Sexualität, Begehren und Erotik in den Zeitschriften homosexueller Frauen in Berlin der 1920er Jahre, Königstein i. Taunus 2004.

Vogel, Katharina: Zum Selbstverständnis lesbischer Frauen in der Weimarer Republik. Eine Analyse der Zeitschrift „Die Freundin" 1924-1933, in: Berlin Museum (Hg.): Eldorado. Homosexuelle Frauen und Männer in Berlin 1850-1950, Berlin 1984, S.162-168.

Szypulski, Anja: Die „Entdeckung" der weiblichen Homosexualität, in: Ariadnde. Almanach der deutschen Frauenbewegung 29 (1996), S.5-11.

Quellenverzeichnis

Moreck, Curt: Führer durch das „lasterhafte" Berlin, Leipzig 1931.